生态文明教育课程建设探索系列

# 生态小天使

小学低年级适用

上海教育出版社
SHANGHAI EDUCATIONAL
PUBLISHING HOUSE

图书在版编目（CIP）数据

生态小天使：小学低年级适用 / 郑思晨主编. —
上海：上海教育出版社，2023.5
（生态文明教育课程建设探索系列）
ISBN 978-7-5720-2002-5

Ⅰ. ①生… Ⅱ. ①郑… Ⅲ. ①生态环境－环境教育－小学－教学参考资料 Ⅳ. ①G624.63

中国国家版本馆CIP数据核字(2023)第079436号

策划编辑 张志筠
责任编辑 李宜璇 韩 颖
封面设计 周 吉

生态文明教育课程建设探索系列
**生态小天使（小学低年级适用）**
**郑思晨 主编**

出版发行 上海教育出版社有限公司
官 网 www.seph.com.cn
地 址 上海市闵行区号景路159弄C座
邮 编 201101
印 刷 苏州工业园区美柯乐制版印务有限责任公司
开 本 787 × 1092 1/16 印张 6.5
字 数 130 千字
版 次 2023年5月第1版
印 次 2023年5月第1次印刷
书 号 ISBN 978-7-5720-2002-5/G.1798
定 价 48.00 元

如发现质量问题，读者可向本社调换 电话：021-64373213

# 编者的话

亲爱的同学：

欢迎你成为“生态小天使”队伍中的一员。

在浩瀚的宇宙中，有一颗美丽的星球，它就是我们的家园——地球。

很久很久以前，在地球上的海洋里，诞生了原始生命。各种生物，包括动物、植物和微生物，在地球上繁衍生息，共同呈现出一片生机勃勃的景象，给地球披上了美丽的绿衣裳。

习近平主席说：“绿水青山就是金山银山。”你能理解这句话蕴含的深刻含义吗？它从根本上更新了人类对生存环境及自然资源的传统认识，理清了生存发展与保护环境的关系，确立了保护自然环境就是保护人类、建设生态文明就是造福人类的新理念。我们从小就要明白这个道理：绿水青山就是人类最宝贵的财富。

“生态小天使”的使命，在于传播和弘扬生态文明理念。每一位成员在日常生活中，都要遵循生态优先的原则，尽量少用塑料制品，不乱扔垃圾，不随地吐痰……节约每一滴水、每一度电、每一粒粮、每一张纸……并积极参与植树节、爱鸟周、世界环境日等的公益活动。我们要牢记，每一个小小的举动，都在保护“绿水青山”，都会让我们的家园变得更加美丽。

生态文明课程的学习是开放式的学习，大部分学习主题都源自现实生活。图文并茂的阅读材料为大家推开了生态文明知识宝库的大门，许多有益、有趣的探究活动将陪伴同学们在做中学、在玩中学，目的是激发大家的学习兴趣，培养发现问题、分析问题、解决问题的能力，提高动手实践能力。

如果你在学习过程中，对生命意义、生态和谐、人类未来等问题萌发了进一步学习的兴趣，那将是我们编写者最大的慰藉。让我们一起用行动谱写生态文明课程的续章，让这门课程在实践中得到创新性发展和充实。

你忠实的朋友 郝恩英

2023 年初夏

## 第 1 单元 神奇的生命



## 第 2 单元 地球的“外衣”

## 第 3 单元 “水球”的奉献

# 目录

## 第 4 单元　能量的来源



## 第 5 单元　美丽的家园

# 生态文明是人类文明发展的历史趋势

# 第1单元

# 神奇的生命

生命是什么？这是一个古老而深刻的问题，但直到今天还没有统一的答案。就让我们一起开启一段有关生命的“科考之旅”吧！

沙漠里的植物

海洋中的鱼

高山湖边的野花

显微镜下的生物

找一找：这些图片上都有哪些生命的痕迹？

# 一 种子博物馆

钟扬是我国著名植物学家，生前是复旦大学生命科学学院教授。他致力于生物多样性保护和研究，足迹遍布青藏高原，收集了上千种植物的四千万颗种子，为人类储存下绵延后世的“基因”宝藏。

水稻的生长

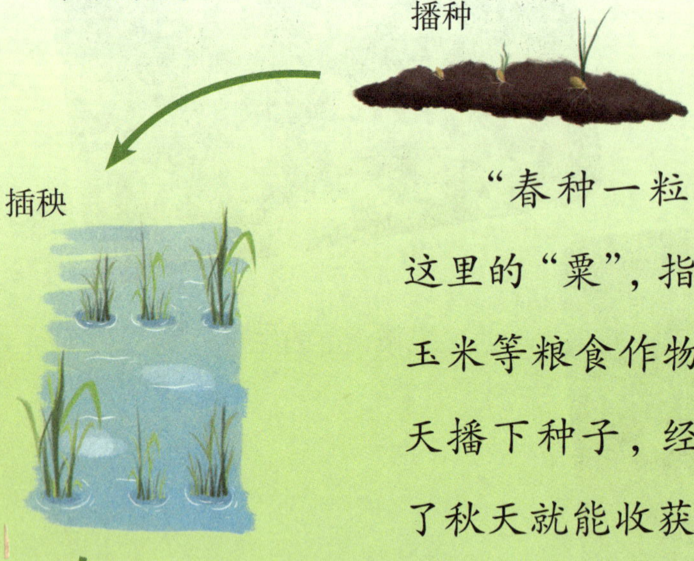


“春种一粒粟，秋收万颗子。”这里的“粟”，指的就是水稻、小麦、玉米等粮食作物的种子。人们在春天播下种子，经过辛勤的劳动，到了秋天就能收获很多很多粮食。

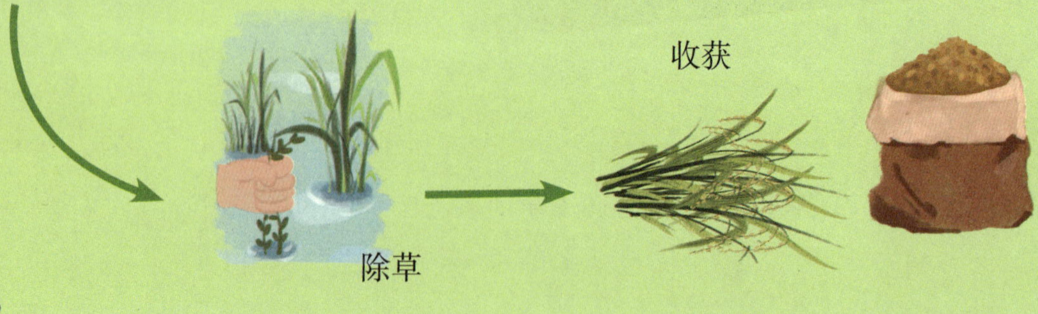

## 考一考你的眼力

找一找，下面这个餐盘里哪些食物含有种子，种子长什么模样？你还知道哪些食物种子的模样？

日常生活中，我们吃的很多食物都是植物的果实，种子大部分躲在果实里面。种子的形态各式各样，颜色也十分丰富。

## “豌豆射手”的自述

我是一粒小豌豆，和小伙伴们一起住在一间长长的“豆荚房”里。豆荚成熟后，会“啪”地一下自动崩开。我和小伙伴们就变成“豌豆射手”啦！科学家们说，我们豌豆会弹射，种子就能到达更远的地方，有利于家族繁衍后代。

有着“弹射种子”功能的植物还有很多，我们一起去校园、居住小区、公园找找看吧。当然，我们也可以借助网络来搜集资料。

这是凤仙花，其果实成熟的时候，果皮会向内卷缩，然后突然向外张开，将种子弹出。

这是老鹳 (guàn) 草。它的种子躺在像勺子一样的小架子上。这些“小勺子”如同投掷器，将成熟的种子抛向四面八方。

很多种子还能借助水、风和动物等外力传播。比如，蒲公英和夹竹桃的种子与冠毛连接，可以借助风的力量传播到很远的地方；苍耳的种子外壳带有芒刺，可以“粘”在与它擦身而过的动物皮毛上，传播到新的地方。

## 请你连一连

樱桃

槭（qì）树

鬼针草

椰子

有“翅膀”，会随风传播到远方。

有芒刺，可以“粘”在动物的皮毛上，传播到其他地方。

果实里有汁水，种子会被小鸟等动物吃掉。

掉落在水面上后，会随水流漂到远方。

被小动物吃掉的种子还能发芽生长吗？

## 我们的种子博物馆

为了向更多人普及保护种子、研究种子的意义，我们一起创建一家小小的种子博物馆吧！

### 1. 收集种子标本

把收集到的种子装进透明管或小瓶子里，贴上标签。

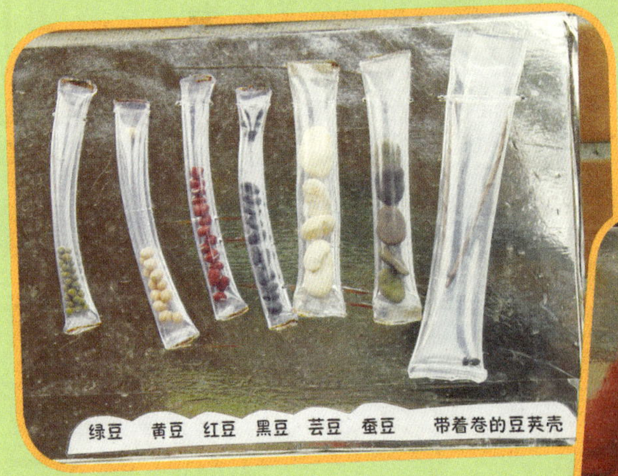

2. 建立种子档案

设计一份种子档案登记表。

**种子档案登记表**

种子名称：________

采 集 地：________

特　　点：________

采集故事：________

照片或图片粘贴处

3. 构思布展

根据种子的特点，确定创意主题，围绕主题构思布展。

## 二 植物也有“身份证”

林奈是瑞典著名的博物学家。他创立了给生物命名的“二名法”，即给每一个物种起两部分名字，一部分是属名，一部分是种加词，就像人有姓和名一样。这个命名法直到现在仍在使用。

### 小树叶的大秘密

你仔细观察过树叶吗？小树叶中隐藏了大树的许多秘密。让我们与志趣相投的同学一起，利用课外时间，到校园、居住小区或公园收集一些不同形状和颜色的树叶吧。看看谁找到的树叶种类多、“颜值”高，谁能从中解读出更多秘密。

1. 树叶上的“叶脉”有什么功能？它像人体的______，大地的______，可以为大树提供__________。

2. 树叶为什么有不同的颜色和形状？这与它生长的_______有关。例如，一般生长在寒冷地区的树叶多为_______形，生长在湿热地区的树叶多为_______形，猜猜这是为什么。

3. 利用不同形状和颜色的树叶制作生态文明宣传品，看一看谁的作品更有创意。

4. 在校园或居住小区里举办一个别开生面的树叶博览会，也会很有趣噢。

# 上海辰山植物园探秘

矿坑花园

上海辰山植物园是一座集科研、科普和观赏游览于一体的综合性植物园。植物园里姹紫嫣红，风景如画，是深受中小学生喜爱的研学之地。

辰山植物园的叔叔阿姨们为了做好生态文明科普工作，面向中小学推出了校园植物“身份证”申领活动，为校园常见植物设计了带有二维码的植物铭牌。请你猜猜看，扫码能获得哪些信息呢？

## 古代植物的“身份证”

李时珍是我国古代著名医药学家。他编撰的《本草纲目》集16世纪前药物学之大成，共记载各类药物1892种，是我国医药宝库中的一份珍贵遗产，也让我们见识到了古代医者制作的植物“身份证”。

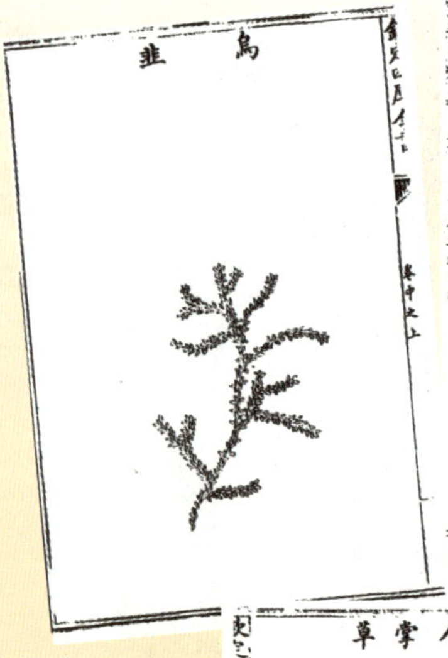


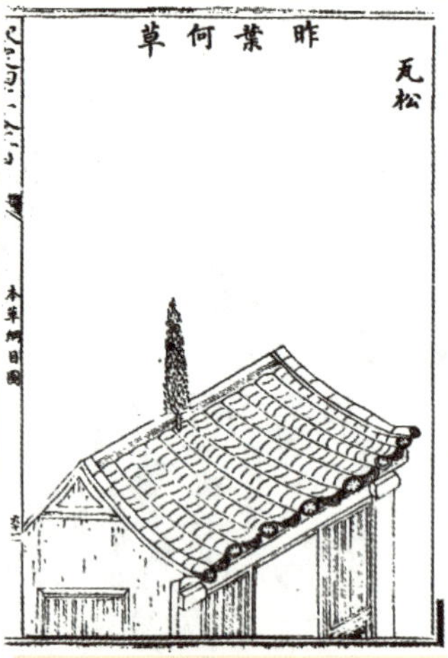


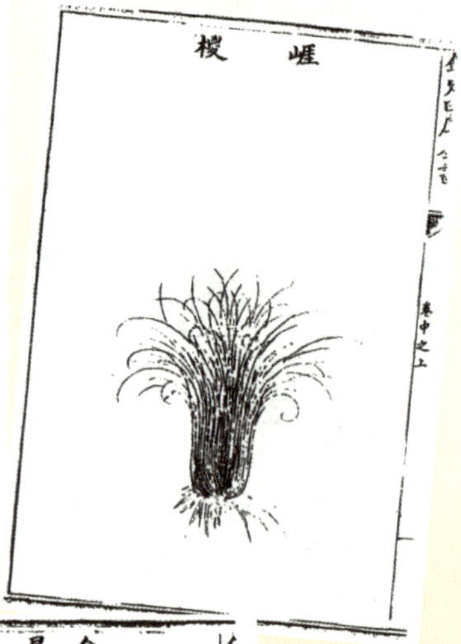


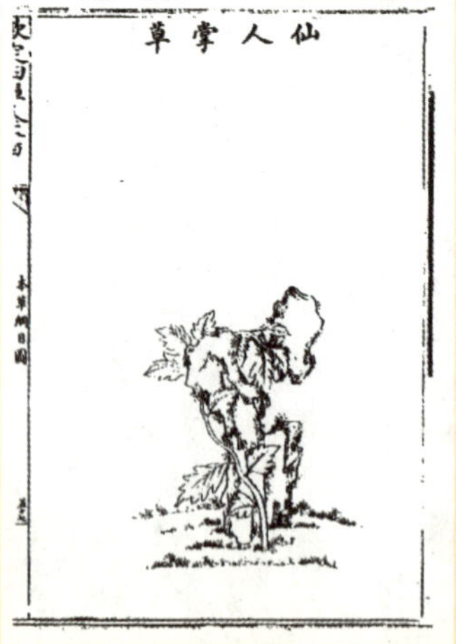

## 让我们动动手吧

挑选一种你喜欢的植物，搜集有关资料，设计并制作一份植物铭牌，拍成照片贴在下面的木牌上，与同学们分享。如果你愿意，也可以把自己的创意作品寄给植物园的叔叔阿姨们。

## 三 北上南归的大象

2021年春天，一群原本栖息在云南西双版纳国家级自然保护区的野象，越过保护区边界，开启了北上的长途旅行。象群长途跋涉110多天，行程1300多千米，途经云南省3个州（市）8个县（市、区），最终在人类的引导和帮助下顺利回家。它们的行动在全世界引起了极大的关注。

那么，为什么象群会离家出走呢？让我们听听大象是怎么说的吧！

### 大象的自述

我们是亚洲象，在亚洲陆生哺乳动物中体型最大。我们主要以竹笋、野芭蕉等植物为食，往往会不辞艰辛地寻找水源充足之地。我们喜欢群居。每一个象群都像一个大家庭，在一头成年母象的带领下活动，没有固定的住所，觅食、寻水活动范围很广。

2021 年 4 月的一天，我们离开熟悉的栖息地，一路北上，6 月到达昆明市郊区。一路上，我们吃着人类为我们准备的玉米、香蕉等食物，有时候还到田野和村庄里打点“野食”。沿途的人们对我们都非常友好。

2021 年 8 月 8 日，在人类的引导和帮助下，我们通过大桥渡过元江，平安回到久违的栖息地。

云南大象北上南归的故事背后，蕴含着中国人民为促进野生动物保护的决心。亚洲象属于我国的一级保护动物。目前，生活在我国境内的野外亚洲象数量已经有 300 头左右。

## 重新找回的“东方宝石”

朱鹮（huán）是东亚地区特有种，长得很漂亮，属于我国一级保护动物。由于环境恶化等因素影响，朱鹮曾一度濒临灭绝。20 世纪 80 年代，在我国秦岭南麓的陕西洋县发现了 7 只野生朱鹮，这让全世界鸟类学家兴奋不已。经过人工干预和抢救，我国野外朱鹮数量不断增长，如今已繁衍至 5000 余只。

科学家为什么要花大力气保护动植物野外种群？

## 测一测你的生态智慧

1. 你知道向日葵的种子藏在哪里吗？请按照葵花籽发芽、长大、开花、结果的顺序在圆圈里填写序号。

2. 有些动物很聪明，会用“隐身术”把自己保护起来。请用你的“火眼金睛”把它们找出来，并试着在图下括号里写出它们的名字。

(　　　　　　)

(　　　　　　)

# 四 多样的“写真”

保护生物多样性是生态文明的重要一环。日常生活中，我们处处都能感受到各种生命的神奇力量。让我们把看到的、听到的有关生命的精彩瞬间记录下来吧！

可以用拍照的方式记录各种生物的精彩瞬间。

草丛里发现了开着蓝色花儿的鸭跖（zhí）草。

柑橘叶上的一坨“鸟屎”原来是玉带凤蝶的宝宝。

铁树的叶子打起了卷，就像烫了头发。

可以用录音设备录下各种生物的高歌低吟，尝试领悟不同物种的喜怒哀乐。

可以用自然笔记的方式（书写与绘画），记录下大自然的美妙。你发现了什么有趣的现象？产生了怎样的困惑？查阅了什么资料，学到了什么知识？将引起你注意的动植物形态特征画下来，然后利用网络深入了解它。

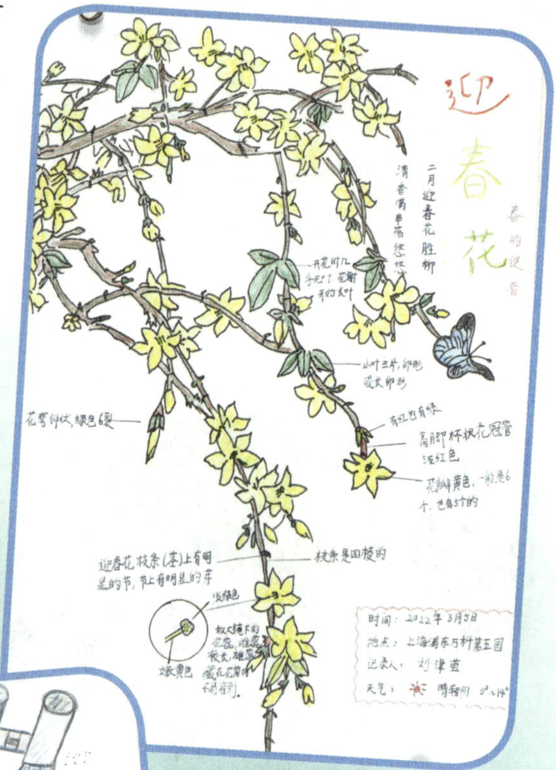

| 自我评价 | 同伴评价 | 教师评价 |
| --- | --- | --- |
| ☆☆☆☆☆ | ☆☆☆☆☆ | ☆☆☆☆☆ |

注 你的“写真”作品就是本单元学习评价的一个重要依据噢！

# 第2单元

# 地球的“外衣”

地球的“外衣”，指的是包裹在地球表面的大气。它的状态和变化，影响着人类的生存和活动。所以，人们又将地球的“外衣”形象地称为“地球生命的保护伞”。

请拿起相机或画笔，拍出或画出你心目中最美的天空。

# 一 认识“空气宝宝”

随着环境保护意识的提高，人们对空气质量的关注度越来越高。2012 年 11 月起，上海环保部门率先试点公布每日空气质量指数。

上海市环境监测中心发布的实时空气质量状况

为了帮助人们更好地了解“空气质量指数（AQI）”，上海环保部门推出了“空气宝宝”卡通形象。

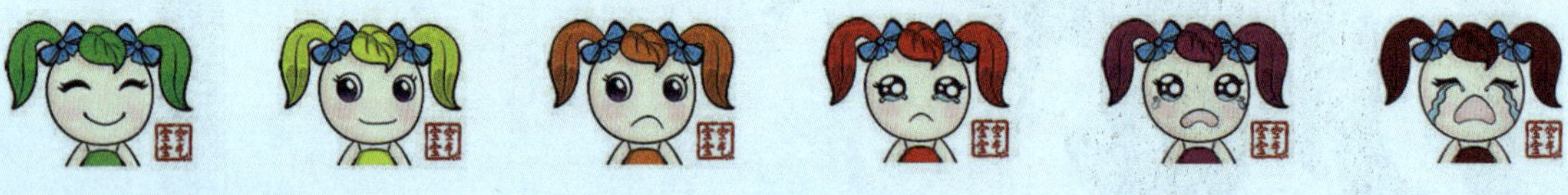

| 优 | 良 | 轻度污染 | 中度污染 | 重度污染 | 严重污染 |
|---|---|---|---|---|---|
| AQI：0 ~ 50 | AQI：51 ~ 100 | AQI：101 ~ 150 | AQI：151 ~ 200 | AQI：201 ~ 300 | AQI：301 ~ 500 |

注 空气质量指数（AQI）可以用来定量描述空气质量状况。AQI 的数值越大，说明空气污染状况越严重，对人体健康的影响就越大。“空气宝宝”颜色和表情的转变也说明了这种变化。

## 为“空气宝宝”画像

请你根据气象部门发布的空气质量状况，结合自己的实际观察结果，每天创作一幅“空气宝宝”画像，并在画下注明日期。坚持画一周，就可以了解这一周的空气质量有什么变化。

那么，什么是空气呢？空气是一种由氮气、氧气、少量二氧化碳等气体组成的混合气体。如果没有空气，地球上的生命将失去生存的基本条件。

空气无色、透明，看不见也摸不着，人们是如何知道周围有空气的呢？

## 空气就在我们身边

### 实验材料

水盆 1 个、透明玻璃杯 1 个、干纸巾 1 包。

### 实验步骤

第 1 步：在水盆中装满水，将一张干纸巾塞入玻璃杯的底部。

第 2 步：将塞有干纸巾的玻璃杯垂直倒扣入装有水的盆子底部（注意：玻璃杯不能倾斜）。

第 3 步：将玻璃杯从水盆中取出（注意：玻璃杯不能倾斜），仔细观察和触摸，此时纸巾是______（干 / 湿）的。

### 实验结论

玻璃杯里的空气，使纸巾没有被水弄湿。

想一想：还有哪些现象、活动或者实验可以证明空气的存在？

你猜，我的袋子里有什么？

我在呼吸新鲜空气。

空气的流动产生了风。

## 我请来了小彩虹

风雨过后的彩虹非常漂亮，常常引得人们驻足观望。其实，我们还可以把彩虹请到家里来，一起试试吧。

实验材料

水盆 1 个、小镜子 1 面、水。

实验步骤

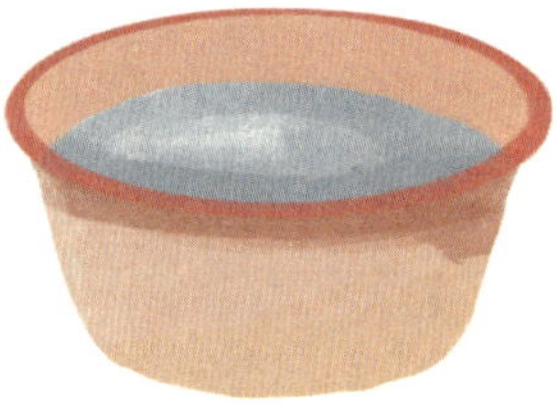

第 1 步：把大半盆清水放在室内有阳光照射的地方。

第 2 步：把镜子倾斜放在水盆里。

第 3 步：观察有镜子反光的墙面，寻找彩虹（可能需要多次调整镜子角度）。

请你说说，彩虹是怎样形成的。

## 二 地球也会“发烧”

有了大气层这件“外衣”，白天的阳光才不会把地球表面晒得太热，夜晚太阳落山以后，地球表面也不会变得过冷。“外衣”为动植物创造了适宜生存和生长的良好环境。

如果没有大气层的保护，地球生命会存在吗？

这件“外衣”就像一件盔甲，它可以吸收紫外线，抵挡流星等对地面的袭击，保护地球上的生物免受伤害。

流星雨

但是，地球也是会“发烧”的。近年来，全球性气候变化异常，地球表面的平均气温出现上升趋势。2022 年夏天，滚滚热浪在北半球肆虐，很多地方进入高温“炙烤”模式。

气温即空气的温度。我国规定，气象台（站）所报气温，特指百叶箱中离地约 1.5 米高度处空气的温度，以摄氏度（℃）表示。

## 气温的测量

请在教师的指导下，使用温度计分别测量教室里、校园绿化区、操场边的气温。学会读取温度计上的气温数值，并记录下来。

| 区域 | | 测得的气温（℃） |
|---|---|---|
| 教室里 |  | |
| 校园绿化区 |  | |
| 操场边 |  | |

科学家们认为，导致全球变暖的主要原因在于人类活动向大气层排放了大量的二氧化碳等温室气体。这些温室气体酷爱吸收热量，当它们在大气层中不断增多，就会使地球表面气温升高，并带来一系列问题，影响人类的生存和发展。

全球变暖可能导致海平面上升。

全球变暖可能导致极端天气频繁出现。

全球变暖可能导致森林大火。

全球变暖可能导致流行性疾病的传播和扩散。

# 三 会说话的物候

你知道“物候”吗？“春江水暖鸭先知”，这是宋代诗人苏轼的名句，它生动地表现了大自然中生物与环境的密切关系。我国先民很早就注意到草木荣枯、候鸟迁徙等自然现象与气候之间的联系。这些自然现象，称为“物候”。

在你读过的古诗中，还有与物候有关的诗句吗？找找看。

世代口口相传下来的许多农谚都包含了丰富的物候知识，反映出古代先民能够通过对身边自然现象的观察，预测天气变化。有兴趣的话，我们可以深入探究一下其中的科学道理。

蜘蛛结网天放晴

露水闪，来日晴

天上鱼鳞斑，晒谷不用翻

但是，随着气候变化的加剧，越来越多的生物改变了原来的生活习性和节奏，物候出现了变化。

## 推迟迁徙的北美帝王蝶

迁徙性物种特别容易受到物候变化的影响，因为触发迁徙行为的当地气候提示可能变得不再准确。

例如，每当白天缩短、气温降低时，北美帝王蝶就会从北美的夏季繁殖地飞到墨西哥中部的越冬地。研究发现，在过去的近30年里，它们每10年将迁徙推迟了6天。那些晚出发的帝王蝶可能更难到达越冬地点，因为沿途食物供应发生了变化。

帝王蝶

## 提前开放的樱花

据湖北武汉大学的观测，该校早年樱花始花期在3月下旬甚至4月上旬，近年已提前到3月上旬或中旬。有研究表明，20世纪90

年代以后，湖北省武汉市的2月平均气温和冬季平均气温均明显上升，这是樱花始花期显著提前的重要原因。

提前开放的樱花

观察一下：我们身边有什么物候变化的例子吗？这说明了什么问题？

# 四 让蓝天更蓝

如果你是一名摄影爱好者，你一定会发现，镜头里出现蓝天白云的机会越来越多了。这个事实说明：上海积极响应国家号召，打好蓝天保卫战，取得了丰硕的成果。

2013年起，我国开始制定详细的大气污染防治行动计划，在各领域采取不同措施，保卫蓝天，持续改善环境空气质量。

推广新能源汽车

增加城市绿地

提倡低碳生活

## 让我们“嗨”起来

1. 以小组为单位，开展“我为地球减碳降温”金点子接龙游戏，比一比哪个小组的点子多。

2. 以小组为单位进行情景剧创作表演，记录上学路上的“减碳”小故事（可以邀请教师或家长客串噢）。

3. 请你和小伙伴一起开动脑筋，设计一个以“应对全球变暖”为主题的“气象棋”吧。

提示：“植树造林”“少开车、多步行”“随手关灯”“垃圾分类”等都是应对全球变暖的好办法；“毁林开荒”“破坏湿地”“过度使用空调”等都是不可取的行为。大家集思广益确定棋盘的内容，再商量游戏规则和方法，就可以进行游戏啦！

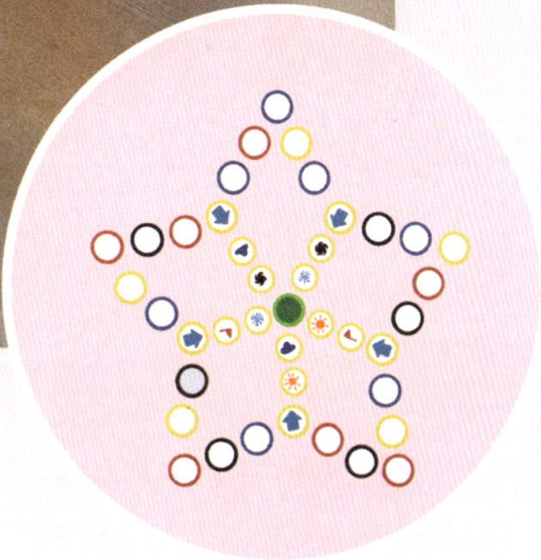

同学们自己设计的“气象棋”

注 某小学设立了“气象节”，其中一项活动深受同学们喜爱，那就是下“气象棋”。学生们根据生活中的所见所闻，自己设计了“气象棋”棋盘，制订了游戏规则和方法，在游戏中增长了保护环境的意识和知识。

## 低碳生活童谣

吃饭牢记要“光盘”，穿衣不忘须节俭。

少乘电梯多爬楼，少坐汽车多行走。

离开房间要关灯，循环用水有窍门。

节约水电益处多，低碳生活点滴做。

| 自我评价 | 同伴评价 | 教师评价 |
| --- | --- | --- |
| ☆☆☆☆☆ | ☆☆☆☆☆ | ☆☆☆☆☆ |

注 “为‘空气宝宝’画像”“气温的测量”“让我们‘嗨’起来”等活动，是本单元学习评价的重要依据噢！

第3单元

# “水球”的奉献

从太空看，我们生活的地球，是个美丽的蓝色星球。

海洋的面积约占地球表面总面积的71%。如果将高低起伏的地表削平，那么地球表面将被大约2650米深的海水均匀覆盖。所以，地球就像一个大大的“水球”。

科学家认为，地球上的生命起源于海洋，水是生命的摇篮。

想一想：地球上如果没有水会是怎样的景象？

# 一 生命之源

在太阳系八大行星中，地球是唯一一颗表面存在大量液态水的星球。因为有了水，地球上才有勃勃生机。因此，水是生命之源。

## 我们眼中的“生命之源”

请你尽情发挥自己的想象，以“生命之源”为主题画一幅创意画。

创意画粘贴处

## 生命的奇迹

这是一个真实的故事。

2022 年 9 月 5 日，四川泸定发生 6.8 级地震。湾东水电站的一位员工为了避免村庄被淹，坚守岗位，保护了下游几百人的安全。但是，地震堵住了他逃生的出路，他被困在山上，生死莫测。

在他失联整整 17 天后，一位当地村民才在山中发现了这位硬汉。当时他非常渴，首先就问村民有没有水。事后大家才知道，他是靠喝泉水、吃野果，才得以顽强生存。

查一查：一个人如果不喝水，生命能维持多少天？

## 人体中的“水循环”

生活在海洋中的水母，体内的含水量可达 95% 以上。

人体是一个“充满水的世界”。在母体中的胎儿，水大约占体重的 90%，成年人体内含水量约为 60%。

我们每天通过__________不断补充水分，通过__________和__________等途径不断排出水分。富含水分的__________在人体内以循环的形式不停流动，把__________送到全身每一个细胞，又把它们产生的__________带走。所以，水对维持人体健康非常重要。

猜一猜：一个人每天需要喝多少水？

## 蚯蚓趋水小实验

实验材料

浅盘、土、水和若干条蚯蚓。

实验过程

在浅盘里放上土，其中一半是干土，一半是湿土。然后把蚯蚓放入盘中，看看蚯蚓会钻到哪边的土里（反复实验几次）。

讨论：为什么蚯蚓会做出这样的选择？

## 植物根系的趋水实验

实验材料

玻璃容器、土、植物种子等。

实验过程

在玻璃容器里铺上土，在靠近玻璃壁的地方埋入植物种子，种子之间留一定的距离。等种子发芽后，每隔两三天浇一次水，注意只浇在种子的一侧。两周以后，观察植物根系的生长方向有什么趋势。

讨论：为什么植物根系的生长方向会有这样的趋势？

水不仅孕育了生命，还在人类的生产和生活中发挥着重要的作用。

农业

林业

牧业

渔业

工业

人的活动

说说水的多种用途。

## 二 小鱼回家了

河流是大地的动脉。我国河湖众多，特别是南方地区，河道纵横，湖泊星布，给当地人民生活提供了极大便利。在这些江河湖泊中，生活着各类“原住民”，也有许多“外来户”和“入侵者”。

请你在图上找一找，哪些是“外来户”和“入侵者”，说说它们会给河流和湖泊带来什么影响。

苏州河，是上海境内仅次于黄浦江的第二条大河。古时候的苏州河非常清澈，是一条风光秀丽的水道，为沿岸居民提供了灌溉、捕鱼、航运等便利。

古代苏州河剪影

随着沿岸工厂的建立，大量工业废水和生活污水未经处理就被直接排入苏州河，很快破坏了苏州河的水质。20世纪80年代，河水变得又黑又臭，河中鱼虾绝迹，美丽的“母亲河”成为当时人们眼中的“黑丝带”。

苏州河的黑水与黄浦江水之间形成明显的水色界线

为了改变黑臭现象，苏州河经历了一系列的环境综合整治行动。如今的苏州河获得“重生”，碧水荡漾，岸边花草缤纷，久违的鱼儿、鸟儿都回来了。

人们在工业生产、农业生产和日常生活中产生的污染物，如果没有经过妥善处理便直接排放进河流和湖泊，就会造成水体污染，破坏生态环境。

配置污水处理设备

废水随意排放

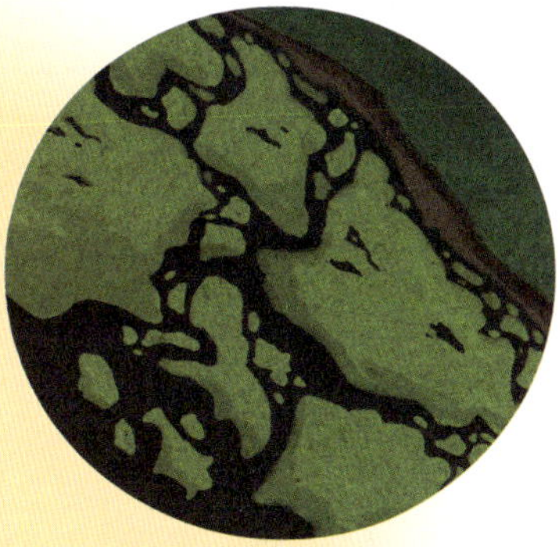

水面长满藻类

想一想：这些场景中，哪些有利于保护水资源、防止水污染？

把废电池扔进“有害垃圾”桶

向水里扔垃圾

打捞水面上的垃圾

## 制作简易净水器

### 实验材料

塑料矿泉水瓶、几种不同的过滤材料（如毛巾、滤纸等）、水样（含有泥沙的水）、纸巾、剪刀、水杯等。

### 实验步骤

1. 取一只塑料矿泉水瓶，去除瓶盖，将瓶身用剪刀剪开（使用剪刀时注意安全）。
2. 将矿泉水瓶的顶部倒扣于底座上。
3. 拿一张纸巾塞在瓶口处。
4. 选用________________做过滤材料，将它均匀铺在顶部。
5. 将含有泥沙的水从上方缓慢倒入，看看水有什么变化。
6. 换不同的过滤材料，比较哪种材料能更有效地去除杂质。

### 实验结果

我使用________________做过滤材料，效果比较理想。

脏水原本的颜色是______，______（有/无/略有）沉淀物。通过简易净水器后，水的颜色变为______，______（有/无/略有）沉淀物。

# 三 与大海交朋友

科学家告诉我们，原始地球是一个灼热的星球，没有生命存在。38亿—34亿年前，原始生命在海洋中诞生。又经过漫长的岁月，生物经历了由简单到复杂、由水生到陆生的进化过程。

时至今日，人类的生存与发展依然离不开海洋。

海洋就像一个巨大的蓝色聚宝盆，请你说一说它拥有哪些资源。

海滨有________________，海面有________________，
海中有________________，海底有________________。

## 清洁能源的宝库

大自然给予地球的能量，很大部分落入了海洋的怀抱，使海洋成为清洁能源的宝库。

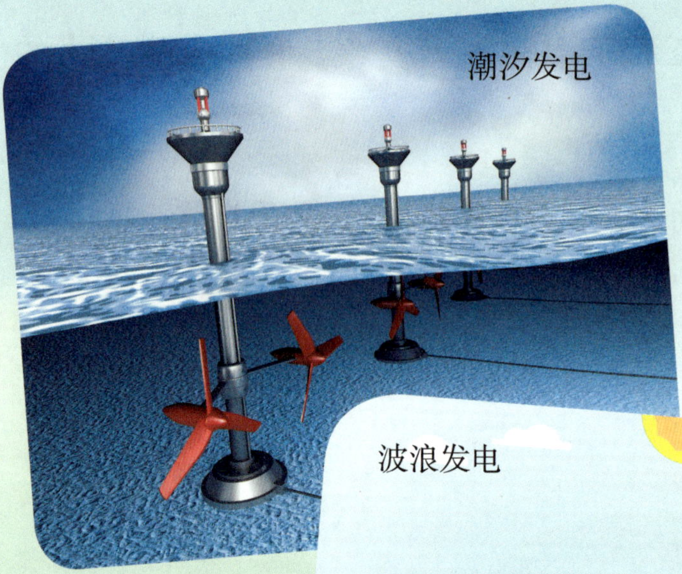

想一想：为什么说海洋能是清洁能源？

目前，我国已经建成多座潮汐电站。位于浙江省温岭市的江厦潮汐试验电站，是我国目前装机容量最大的潮汐电站。你是否想去看看呢？

## 制作奇妙的盐水灯

盐水灯的外形很普通，与其他台灯“长得”相仿。但它不需要接通电源，是一款可自行发光的小“神器”。

使用盐水灯，只需要在灯具里加入一杯水和两匙盐，或者直接加入海水。其工作原理与普通电池是一样的，只不过用盐水替代了电解质溶液。

有兴趣的话，我们可以在科技老师的帮助下，设计并制作这款低成本、安全、环保的照明工具。

海洋里居住着千姿百态的各种动植物，它们绝大多数都是人类的好朋友。但是，人类的过度捕捞和污水排放，正在破坏海洋的生态环境，使我们的朋友遭受到巨大伤害。

大量污水进入海洋，使得近海的海水富营养化，藻类大量生长，影响了鱼虾的生存。

赤潮吞噬了鱼虾

## 保护海洋，从“减塑”做起

人类丢弃的塑料制品，被河流搬运到海洋，悬浮在海水中，阻碍了光线的传播，干扰了水中各种生物的正常生命活动。塑料中含有的有毒有害物质不仅会直接伤害海洋里的生物，还会通过食物链进入人体，危害人类的健康。

保护海洋，让我们从“减塑”做起。

# 四 节水小达人

你仔细观察过吗？日常生活中，每个人的用水习惯是不一样的。

## 用水量小测试

1. 准备一个有刻度的容器。

2. 请三四个同学依次洗手，洗过手的水用脸盆接住，洗完手后把水倒入有刻度的容器，记录下每个人的用水量。

3. 请你想一想，如果我们每次洗手都把水流开小一点，可以节省多少水呀！

看一看：谁洗手时的用水习惯好？

## 节水有妙招

日常生活中，处处都藏着节约用水的小妙招。

想一想，在以下生活场景中，你有什么节约用水的小妙招？有的话，把图上的小水滴涂上绿色，然后与小伙伴分享你的经验！

## 不断改进的节水用具

传统的坐便器一次冲水量在9升左右，而新型的节水坐便器，水箱盖上有两个按键，可以根据使用者的不同需要，冲出大水量（4升左右）或小水量（2.8升以下）。双键节水坐便器不仅节约了日常用水，还减少了城市污水排放，一举两得。

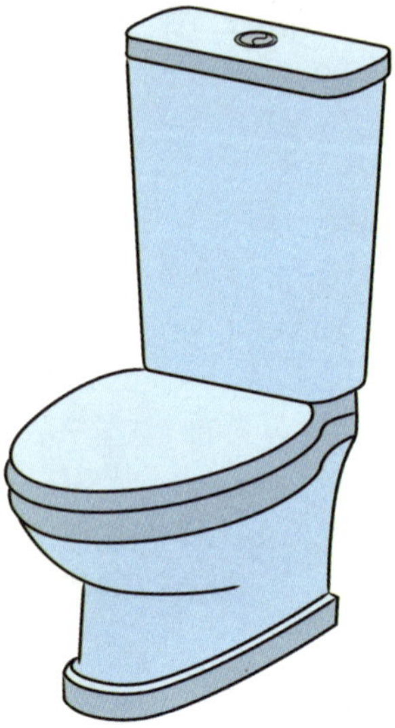

在家里安装、更换水龙头或花洒的时候，可以选购专门的节水型水龙头或节水花洒。也可以在传统的水龙头上安装节水阀，通过减少出水量，给水流注入空气，使水流泡沫化，用更少的水实现同样的洗涤效果。

你还有哪些节水小妙招？设计一张海报，表现出来吧！

有位小学生建议，只要我们把雨水收集起来，用于灌溉农田等各种非饮用的用途，就一定可以缓解一些地区的缺水问题。你同意他的观点吗？

## “集水神器”的设计

日常生活中会产生许多废水。如果把它们收集起来，予以净化，就可以重复利用，节约水资源。让我们一起设计一个“集水神器”吧！请把你的奇思妙想画在下面的图框里。

| 自我评价 | 同伴评价 | 教师评价 |
| --- | --- | --- |
| ☆☆☆☆☆ | ☆☆☆☆☆ | ☆☆☆☆☆ |

注 “制作简易净水器”“用水量小测试”“‘集水神器’的设计”等活动，是本单元学习评价的一个重要依据噢！

# 第4单元

# 能量的来源

为什么汽车要加油或充电后才能行驶？燃气灶上的火是从哪里来的？如果有一天家里或学校里停电了，我们的生活会变成什么样？

**人类生活离不开各种各样的能量。可以产生能量的物质资源，叫能源。人类在生存和发展中利用了不同的能源，也给地球环境带来了巨大改变。**

# 一 假如没有电

你经历过停电吗？和小伙伴讨论一下，假如没有电，我们的生活会变成什么样？

## 停电的一天

今天我家停电了。

早上起来我想开灯，发现____________________。

妈妈想打开电脑工作，发现____________________。

爸爸想把昨天晚上洗的衣服放进烘干机，发现____________________。

我做完作业，想打开电视放松一下，发现____________________。

此外，我还发现，____________________。

停电，真的好麻烦啊！

通常，我们只要打开电源开关，灯就亮了。把家用电器的插头插到电源插座里，通上电，电器就开始工作了。那么，电是从哪里来的呢？

电是发电厂生产出来的，然后通过输电网传送到千家万户。

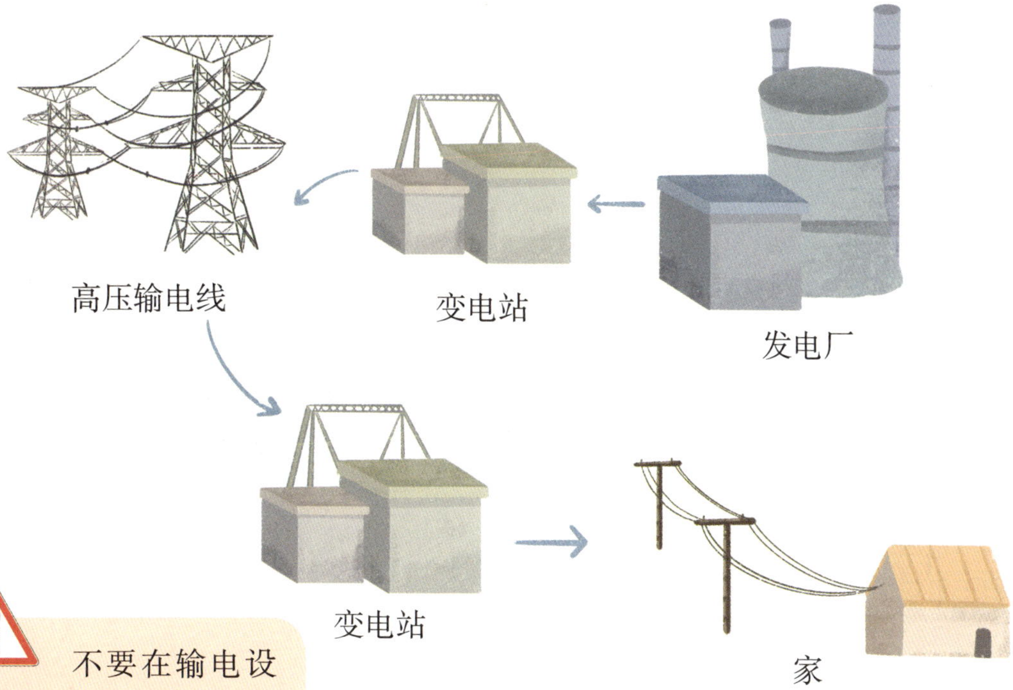


不要在输电设施周围玩耍！

发电厂通过发电机把其他能量转化成电能。例如，把煤炭燃烧产生的热量转化成电能，称为火力发电。火力发电过程中会排放大量二氧化碳，所以，我们常常看到发电厂有高大的烟囱。这些二氧化碳如果处理不当，就会给地球环境带来不良的影响。

## 我们也能发电

### 小实验 1

实验材料

吹足气的气球、毛衣。

实验步骤

1. 将吹足气的气球扎紧。

2. 将气球在毛衣上轻轻摩擦几遍后贴近头发。

3. 头发会被静电吸起来。

### 小实验 2

实验材料

塑料梳子、餐巾纸。

实验步骤

1. 将餐巾纸撕碎，放在桌子上。

2. 用塑料梳子在头上摩擦或者梳头发。

3. 将梳子靠近撕碎的纸屑，纸屑会被静电吸起。

摩擦产生的是静电，很难在日常生活中应用。近年来，科学家开发出一种摩擦纳米发电机，并基于此研发出绿色智能轮胎，可以回收轮胎和地面摩擦产生的能量。

## “地球一小时”

“地球一小时”也称“关灯一小时”。这是世界自然基金会为应对全球气候变化发出的一项倡议：呼吁个人、社区、企业和政府在每年三月的最后一个星期六的20:30（当地时间），关上不必要的照明和耗电产品一个小时。

“地球一小时”活动于 2007 年首次在澳大利亚悉尼展开，随后以令人惊讶的速度席卷全球。我国也有很多城市参加了该活动。在参与活动时，城市中的标志性建筑都会熄灭景观灯光一个小时。

想一想：为什么世界各地的人们都积极主动地参加“地球一小时”活动？

上海标志性建筑熄灯一小时

关灯，表达了我们对地球家园的关爱，象征着我们对保护地球的责任感，以及共同抵御全球气候变化等环境问题的支持。

日常生活中，我们可以通过选用节能家电、巧用各种电器等方式来节约用电。让我们行动起来，寻找各种节电小窍门。然后充分发挥自己的创意，设计一款能够提醒家人节约用电的“行动提示贴”吧！

（提示贴粘贴处）

## 二 能源家族

电能只是能源家族中被普遍使用的一种。自然界中存在着各种未经加工或转换的能源，让我们来认识一下吧！请在图中的方框里填上它们的名字。

自然界中的各种能源。

人们把自然界中以天然方式存在的、未经加工或转换的能源称为“一次能源”，把经过加工或转换后的能源称为“二次能源”。二次能源比一次能源更有效、清洁和方便。

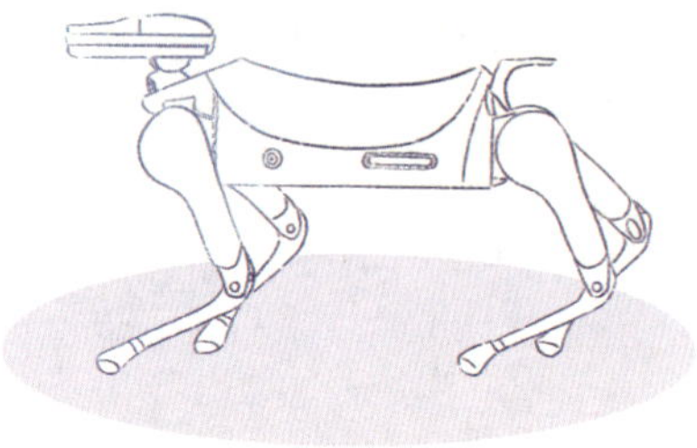

想一想：这些使用的都是二次能源吗？

人类利用煤炭、石油和天然气的时间最长。因为它们都是由远古生物化石沉积而来，因此被称为“化石能源”。它们形成需要的时间大约为几百万年甚至几千万年，远远比不上人类开采和使用它们的速度。

能源开发和利用的不同阶段

在化石能源的使用过程中，会产生大量的二氧化碳等温室气体，引发全球气候变化，威胁地球的生态环境。

你知道目前我国使用的能源有哪些吗？读图，填一填：

2021 年，我国能源消费主要包括________、________和________，它们都是______________（一次能源 / 二次能源），其中，使用最多的能源是__________，其次是__________。

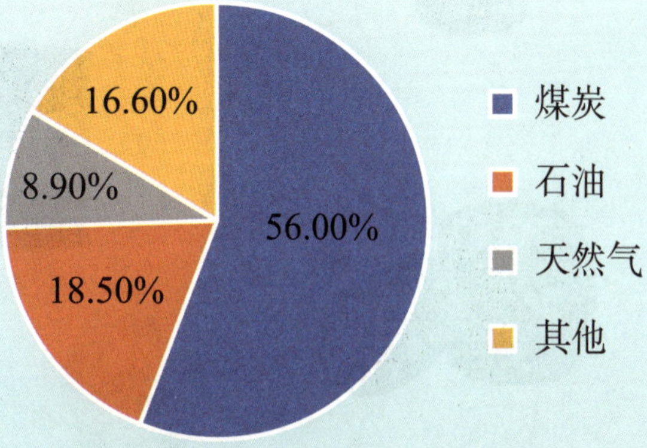

2021 年我国能源消费构成图

## “石油”名字的由来

宋代科学家沈括是世界上最早科学命名“石油”的人。据他的著作《梦溪笔谈》记载，鄜（fū）州、延州（今陕西、甘肃一带）境内有一种黑色的液体，看起来像黑漆，燃烧时有很浓的烟。他给这种黑色的液体起名为“石油”，这个名字一直沿用到今天。

## 找一找生活中的石油制品

我们生活中的许多东西，都是以石油为原料制成的。请你猜一猜，下面的物品中，哪些是石油制品？（在圆圈里画“√”）

# 三 寻找“绿太阳”

随着化石能源储量的不断减少，人们开始寻找污染较小、资源丰富、绿色环保的新能源，如风能、水能、太阳能、核能、潮汐能、地热能……这些能源的开发和利用，既清洁又可持续，它们是能源发展的“绿太阳”。

图片上有哪些清洁又可持续利用的“绿太阳”？还有其他“绿太阳”吗？

水力发电

风力发电

地热发电

说一说：新能源发电站有什么共同的特点？

它们都利用了________能源；

它们在发电过程中都减少了________的排放。

## 应用前景广阔的太阳能

我国太阳能光伏发电快速发展，生产规模不断扩大。目前，我国是光伏发电装机容量世界第一、发电量世界第一的国家。

位于青海省的目前全球最大装机容量光伏发电园区

让我们来看一看，身边都有哪些利用太阳能的新产品，如太阳能汽车、太阳能路灯、太阳能热水器、太阳能充电器……运用你的智慧，也来设计一款能够利用太阳能的新产品吧！把你的奇思妙想画入下面的图框里：

## 海上风力发电场

近年来，我国海上风电快速发展，装机规模持续保持世界第一。目前，全球市场上 60% 的风电设备都来自中国。

福建漳浦六鳌海上风电场二期工程，是全国第一个批量化使用大容量海上风电机组的项目，目前正在建设中。投产后，预计每年可减少二氧化碳排放约 135 万吨。

福建漳浦六鳌海上风电场

## 四 会发电的“叶子”

能源的绿色低碳发展，离不开技术创新。让我们一起畅想一下，未来的能源“长”什么样？

在上海举办的第 41 届世界博览会上，一款“叶子”概念车夺人眼球。“叶子”车的车顶是一片巨型叶子，可以吸收太阳能，转化为电能。“叶子”车的四个车轮是风力发电机，可以将风能转变成电能。

无独有偶，英国也有学者正在研究一种“人造叶子”。它模拟植物的光合作用，在“叶子”表面涂有半导体粉末，通过吸收光能，将二氧化碳和水转化为可以储存的燃料。“叶子”只要漂浮在水面上，就会产生能量。

你知道吗？有一种灯，不用电，也能照明。科学家已经研究出新型的夜光材料，它能在白天将获得的光能储存起来，到夜晚发出亮光。

福州市的夜光步行观光道

说一说：这种新型夜光材料有哪些用途？

## 制作不用电的灯

实验材料

夜光涂料、玻璃球、毛刷等。

实验过程

1. 先用毛刷蘸取适量的夜光涂料，均匀地涂抹在玻璃球表面。

2. 把球晾干后，放在光照得到的地方。

3. 经过一天的光照后，将玻璃球移至暗处，不用通电球也能发光啦！

如果给爷爷的眼镜架涂上夜光涂料，爷爷晚上就不用担心找不到眼镜啦！

| 自我评价 | 同伴评价 | 教师评价 |
| --- | --- | --- |
| ☆☆☆☆☆ | ☆☆☆☆☆ | ☆☆☆☆☆ |

注 “我们也能发电”“制作不用电的灯”等活动，是本单元学习评价的重要依据噢！

# 第5单元

# 美丽的家园

每年的4月22日是世界地球日，这是一个为保护世界环境而设立的节日，旨在唤起人类爱护地球、保护家园的意识，促进资源开发与环境保护的协调发展。时至今日，全球范围内约有200个国家和地区每年都会举办世界地球日活动。你参加了吗？

让我们利用一个晴好的周末，与家人或小伙伴一起组织一次户外活动，用你的相机或画笔捕捉身边的“美丽”。它可以是蓝天白云，可以是绿树繁花，也可以是坐在车顶上的小动物……只要用“爱”的眼光去发现，你就能感受到我们生活的家园正变得越来越美丽！

## 一 阳台“微生态”

小宇家在阳台上种了一些花草，常常有“不速之客”来光顾。有一天，奶奶看见飞过来一只漂亮的小鸟，就赶忙叫小宇来捉住它。可是小宇说：“小鸟的家不在这里，我们不要打扰它。”

你同意小宇的做法吗？为什么？

所谓“生态”，一般是指生物在一定的自然环境下生存和发展的状态。科学家认为，生物与其所处环境相互影响和制约，构成了一个共同体，这个共同体称为“生态系统”。

在自然生态系统中，通常有四个“小伙伴”共同帮忙维持生态系统的平衡，它们分别是非生物环境、生产者、消费者和分解者。

四个“小伙伴”互相分工、相互协作。其中任何一个小伙伴出现问题，都会影响其他环节，从而导致整个生态系统失去平衡。

## 森林里的“小伙伴”

森林里生活着一群小兔子，它们喜欢吃嫩绿的青草，因为青草可以给它们提供营养和能量，但要时刻防范周边有没有狼出没，因为狼是小兔子的天敌之一。与此同时，土壤中的蚯蚓在分解着兔子的排泄物，给植物提供养分。不同的动物和植物在生态系统中扮演着不同的角色（① 非生物环境、② 生产者、③ 消费者、④ 分解者），请你在图中标出对应的序号。

想一想：如果由于人类活动的影响，森林越来越小，那么各种动物和植物会发生怎样的变化？

## “微生态”小实验

这里的“微生态”，是指微小的生态系统。有兴趣的同学可以在家人的帮助下，利用阳台的自然环境做一个“微生态”小实验。

### 实验步骤

1. 选择一个广口瓶或鱼缸做容器。

2. 在容器里放入适量的泥沙，为微生物的活动提供场所。

3. 引入水源，最好使用池塘里的水，尽量不用自来水。

4. 选择适量的水草以及一些小型的鱼、螺等放入容器，仔细观察它们的生长状况。

5. 填写“微生态”小实验报告单。

**“微生态”小实验报告单**

| | |
|---|---|
| 实验名称： | （照片粘贴处） |
| 实验时间：　年　月　日—　年　月　日 | |
| 实验记录摘要： | |
| 实验结论：<br>实验者：　　日期： | |

## 二 为校园添绿

这里的“绿”不仅是指绿色植物，也意味着创建绿色学校，建设绿色校园文化，采取绿色环保的校园生活方式。

垂直绿化

农趣园

你们学校的绿化采用了哪些方式？你参加学校的植绿、护绿活动了吗？

### 护绿“小天使”之“歌”

布置教室里的“植物角”

参加植物探究社团

在班级里收集同学们植绿、护绿的故事，评选护绿“小天使”。

## 和小动物们做朋友

校园里住着哪些小动物？我们应该怎样做，才能让它们有个安全的家？

请把你在校园里发现的小动物记录下来，然后利用网络查找与这些小动物相关的知识，与小伙伴们分享。

| 动物名称 | 数量 | 发现地点 | 环境特点 | 暂时逗留 | 长久居住 |
| --- | --- | --- | --- | --- | --- |
| 蜗牛 | 2只 | 花坛 | 潮湿 | | √ |
| | | | | | |
| | | | | | |

## 他们在行动

说一说：他们在干什么？为什么要这样做？

我们不仅要爱护校园里的生态环境，还要用实际行动节约水电、节约粮食，践行低碳生活，进行绿色宣传。

2019 年 7 月 1 日，上海正式实施《上海市生活垃圾管理条例》，要求居民按照“可回收物”“有害垃圾”“湿垃圾”和“干垃圾”的分类标准，把生活垃圾扔进不同垃圾箱。垃圾分类已然成为绿色生活的重要方式之一。

## 分解湿垃圾的小实验

为了进一步了解垃圾分类的意义，我们可以做个分解湿垃圾的小实验。

1. 收集一些厨余垃圾。

2. 把厨余垃圾放进花盆，盖上土。

十天后

3. 十天以后，把花盆里的垃圾倒出来，看看发生了哪些变化，做好记录。

安全提示

1. 实验时要戴口罩和一次性手套。
2. 不要用鼻子去闻气味。
3. 实验结束后，要妥善处理实验物品。
4. 实验完毕，立即洗手。

| 部分废弃物分解需要的时间 | |
|---|---|
| 废报纸 | 1～2 个月 |
| 牛奶盒 | 3 个月 |
| 羊毛衣物 | 1 年 |
| 易拉罐 | 50～200 年 |
| 玻璃瓶 | 至少 4000 年 |

## 为校园“生态”打分

美丽的校园需要大家共同维护。请同学们以小组为单位，根据实际情况为校园“生态”打分，并对校园生态文化建设提出进一步改进的想法。如果你的建议有创意、可操作，可以为你们学校创建“绿色学校”加分噢！

| 项目 | 内容 | 评价 | | |
| --- | --- | --- | --- | --- |
| | | 优 | 良 | 中 |
| 校园环境 | 1. 校园可种植绿化的地方均种植了绿化。 | | | |
| | 2. 辟建了小农场、百草园等生态园。 | | | |
| | 3. 花坛、树林等地有小动物出没。 | | | |
| 节能减排 | 4. 教室都用上了高效节能的照明设施。 | | | |
| | 5. 校园公共场所都用上了节水型器具。 | | | |
| | 6. 校园里有利用太阳能等新能源的设备。 | | | |
| 绿色行动 | 7. 全校师生都能正确投放生活垃圾。 | | | |
| | 8. 食堂用餐不使用一次性餐具。 | | | |
| | 9. 专门开设了生态文明教育课程。 | | | |
| | 10. 定期组织学生参加种树、护绿活动。 | | | |
| | 11. 倡导大家节约粮食，践行“光盘”行动。 | | | |
| | 12. …… | | | |

## 三 我的“理想之城”

近年来，上海致力于推动生态文明建设，通过治理污染、建设自然保护区等措施，朝着“城在园中、林廊环绕、蓝绿交织”的生态之城不断迈进。

高楼环绕中的陆家嘴中心绿地

居民区附近的绿化带

环淀山湖绿道

上海浦江郊野公园

滨江绿化带

说一说：上海人民为城市添绿做了哪些努力？

## 探秘上海海绵公园

这是2021年8月在上海浦东开园的海绵公园——星空之境。从空中俯瞰，公园呈曲线造型，分为休闲观星区、湿地科普区、律动星球区和天文体验区等四个不同功能的区域。

你知道这座公园为什么被命名为“星空之境”吗？它又为什么被称为“海绵公园”呢？

“海绵城市”是指城市在应对旱涝不均方面具有良好的改善功能，会在下雨时吸水、蓄水，在缺水时再将蓄存的水释放出来。它是不是很像一块大海绵呀？

有兴趣的话，我们可以在老师或家人的陪伴下去海绵公园实地考察一下。在特别设计的海绵科普区，大家还可以近距离观察“海绵”的吸水、放水现象，直接感受“整座公园就是一块大海绵”。

## 我的家园我做主

我们的家园每天都在发生变化。让我们围绕“生态城市，美丽构想”的主题，充分发挥自己的想象，动脑动手，搭建一座未来的生态之城吧！

建议大家分工合作，一起收集生活中的废旧物品作为搭建材料，尽量选用可回收、无污染的废旧物品噢！

| | |
|---|---|
| 作品名称 | |
| 我找到的废旧物品 | |
| 成果展示 | |

学生作品展示

| | 自我评价 | 同伴评价 | 教师评价 |
| --- | --- | --- | --- |
| “生态之城”的设计 | ☆☆☆☆☆ | ☆☆☆☆☆ | ☆☆☆☆☆ |
| “生态之城”的制作 | ☆☆☆☆☆ | ☆☆☆☆☆ | ☆☆☆☆☆ |

注 你搭建的作品就是本单元学习评价的一个重要依据噢！

# 后　记

“生态文明教育课程建设探索系列”根据中共中央、国务院《关于加快推进生态文明建设的意见》，教育部《绿色低碳发展国民教育体系建设实施方案》等有关精神，进一步落实上海市委、市政府《关于加快推进上海市生态文明建设实施方案》《关于加快构建现代环境治理体系的实施意见》的要求而编写。整套系列图书共四册，即《生态小天使》《生态小卫士》《生态志愿者》和《生态探索者》，分别供小学低年级、小学高年级、初中和高中开设生态文明教育和绿色低碳课程时选用。

本套图书全面贯彻党的二十大精神和新发展理念，凸显“立德树人”根本任务，把牢固树立青少年社会主义生态文明观放在首位，旨在培养胸怀绿色低碳理念、适应绿色低碳社会、引领绿色低碳发展的新一代青少年。本套图书聚焦青少年核心素养的培养，强调学以致用，充分兼顾校内外教育资源的开发和利用，努力营建线上与线下相结合的支撑系统，提供各种供学生体验和实践的场景，把生态文明教育扎扎实实、真真切切地落到实处。

在编写过程中，我们得到上海市教育委员会、上海市生态环境局、上海教育出版社、上海市学校后勤协会、中国福利会少年宫以及华东师范大学等单位和众多专家的大力支持，在此表示衷心感谢，同时感谢各分册主编和编写人员的辛勤付出。苏鲁为本书绘制插图，图虫创意、视觉中国网站和学校等提供了部分照片，在此也表示诚挚的谢意。

欢迎广大读者来电来函为本套系列图书的改进和完善提出宝贵意见。

“生态文明教育课程建设探索系列”编委会

2023 年 5 月